AF250569

LE MAIRE

DE METZ

A SES CONCITOYENS.

On s'étonne, m'a-t-on dit, que le Maire de Metz fasse partie d'une réunion de citoyens qui prend pour dénomination, Société patriotique et populaire.

Comme citoyen je serai toujours prêt à rendre compte des motifs de mes actions à mes concitoyens ; comme officier chargé de l'administration de leurs intérêts municipaux, rendre ce compte est à mes yeux un devoir.

Et d'abord je leur dirai que je ne comprends pas pour quelle raison j'aurais dû, comme Magistrat, me retirer d'une Société qui prend le titre de patriotique et populaire, qui annonce ainsi qu'elle se voue, lorsque la guerre est imminente, à la défense de la patrie.

Concourir à cette défense est un devoir pour tout citoyen.

Montrer par son exemple comment ce devoir doit se remplir, est un honneur que tout Magistrat doit ambitionner.

Une plus longue explication serait, ce me semble, superflue, et je craindrais le ridicule en m'y livrant.

Mais je m'arrêterai plus long-temps sur le mot *populaire*, qui a été bien mal compris par beaucoup de personnes. Ce mot *populaire* effraie, dit-on. Et pourquoi ? Est-ce bien réellement, comme on le prétend, parce qu'il rappelle d'affreuses scènes populaires de la révolution ? Non, je ne puis croire que des personnes sensées confondent à ce point les époques. Les mœurs populaires de notre temps sont aussi loin de celles de la révolution, que les mœurs de 93 étaient différentes des mœurs du temps de la St. Barthélemy, et celles-ci différentes des mœurs du temps des croisades.

A cette dernière époque, si on a vu les masses populaires tuer les hommes par fanatisme en se livrant aux plus infâmes désordres, du moins à la St. Barthélemy le peuple bornait ses forfaits au meurtre, ne songeant à satisfaire que son fanatisme religieux. Pendant notre première révolution, des grouppes seuls de ce peuple prenaient part aux excès ; aujourd'hui les excès ont disparu.

Et si dans la révolution de cette année le peuple de Paris s'est soulevé tout entier, c'est sans commettre de désordres, sans faire aucun mal qui ne fut justifié par la nécessité d'une défense légitime ; c'est pour repousser les agressions d'un despotisme humiliant, c'est pour nous rendre tous à la liberté. Son admirable conduite a mérité, a reçu les applaudissemens de l'univers entier, et les Anglais eux-mêmes, si fiers de leur indépendance et de leur ci-vilisation avancée, ont salué, dans le peuple Fran-çais, leurs vainqueurs dans la carrière de la liberté.

Et l'on voudrait toujours, nous ramenant à des époques qui ne sont plus, qui ne peuvent plus se reproduire, fixer nos regards sur les scènes histori-ques les plus hideuses, uniquement pour nous effrayer d'un fantôme ! Et l'on voudrait nous faire oublier la révolution de Paris, ce grand fait, si récent et qui parle si haut ! Est-ce parce que c'est un bien-fait que nous avons reçu du peuple ? Ce bienfait immense, qui prépare à l'humanité une ère nou-velle de bonheur, nous ne l'oublierons jamais : et voilà pourquoi nous nous sommes constitués Société *populaire*. Ce titre, l'histoire en a décoré les plus grands Citoyens, les Magistrats les plus sages, les Rois les meilleurs et les plus éclairés; et s'en décorer serait un crime ! Eut-il été flétri dans de funestes événemens, un événement qui les efface tous, parce qu'on y voit constaté de la manière la plus glorieuse l'état actuel des masses populaires en France, le réhabilite aujourd'hui et le fait briller d'un éclat plus vif que jamais.

Qu'on cesse donc de se livrer à cette vaine pré-voyance des faits politiques à venir par les faits po-litiques passés; ces faits résultent toujours de l'état moral des peuples; et certes on ne songe point à nier l'immense amélioration de nos mœurs populaires. Les faits politiques qui en résulteront seront aussi différens des précédens, que les mœurs sont différentes de celles de l'ancien régime. — De nouveaux faits politiques auront lieu; ils seront la conséquence de nos mœurs, et non la copie de telles ou telles scènes du passé.

On nous accuse de vouloir livrer l'exercice du pouvoir au peuple. Une telle accusation est évidemment due à l'irréflexion. En effet, ne serait-il pas ridicule de dire, par manière de reproche, que nous réclamons pour tout citoyen le droit d'être appelé aux fonctions publiques ? Ce droit est écrit dans la Charte, il est acquis, l'assusation serait gratuite. — On veut dire probablement que nous voulons faire descendre le pouvoir aux mains de cette partie du peuple qui possède le moins d'instruction. Mais il faut qu'on nous suppose bien peu de sens pour penser que nous, qui avons pour doctrine que les fonctions publiques doivent être exercées par les hommes les plus purs et les plus capables, songions à les confier aux plus ignorans. Cette pensée, d'ailleurs, fût-elle la nôtre, nous serait-il possible de la mettre en pratique ? Non ; car il ne faut pas une étude bien approfondie des faits pour reconnaître qu'un tel bouleversement de l'ordre naturel des choses peut prendre naissance dans les gouvernemens de droit divin seulement ; que c'est dans ces gouvernemens seuls qu'on voit la stupidité honorée de fonctions, au mépris du bien-être des peuples ; mais que dans les gouvernements libres cela n'arrive jamais, ou du moins que cela ne peut durer long-temps. Là, chacun se place à son niveau, avec d'autant plus de justesse que le Gouvernement est plus parfait. Là, la seule aristocratie possible est celle du savoir et de la vertu.

Non, nous ne sommes point Société populaire pour livrer le pouvoir à la discrétion d'une multitude ignorante. Nous sommes Société populaire pour élever le peuple, en l'instruisant, à l'exercice des droits et des devoirs du citoyen dans toute leur plénitude. Nous avons reçu du peuple le bienfait de la liberté, nous voulons rendre bienfait pour bienfait en contribuant de tous nos moyens à l'amélioration intellectuelle, morale et physique de la classe la plus nombreuse et la plus pauvre de la société. Nous voulons remplir cette mission évangélique si long-temps mal comprise ; comme le Christ, nous nous adressons aux pauvres, non pour leur dire d'attendre leur bonheur de l'autre monde, mais pour leur prêcher que dès ce monde ils trouveront du bonheur dans l'instruction, le travail et l'économie ; nous nous occupons du peuple pour augmenter, autant que possible, sa part des jouissances auxquelles il a droit de prétendre, par une plus juste répartition des charges et des droits de chacun.

Telle est la mission que nous avouons hautement comme Société populaire ; telle est la mission que je

considère comme la plus noble partie de mes fonctions de Magistrat.

On a murmuré contre l'abandon du titre de Société
constitutionnelle. On aurait dû y voir un hommage
rendu au Gouvernement.

En effet, sous un gouvernement ennemi de nos
institutions, nous avions dû nous proclamer Société
constitutionnelle, pour rappeler sans cesse que notre
objet principal était de réclamer l'exécution de la
Charte. Mais aujourd'hui nous reconnaissons qu'il
n'est plus besoin d'efforts pour atteindre ce but.
Nous ne doutons aucunement de la franchise du
Gouvernement dans l'exécution de la Charte nou-
vellement consentie.

Le Gouvernement est constitutionnel, nous n'avons
pas besoin de lui rappeler qu'il doit l'être.

Et c'est moins vers l'amélioration du Gouvernement que vers l'amélioration des mœurs populaires
que doivent se diriger nos efforts. Car de cette amélioration qui ne sera plus gênée par le Gouvernement, découlera naturellement et progressivement
celle du Gouvernement lui-même, qui a désormais
pour condition d'existence de se trouver constamment
en harmonie avec la raison publique.

On nous a reproché nos doctrines avec amertume.
Il faut qu'on ne les ait point étudiées ou bien qu'on
y ait mis peu de bonne foi.

On persiste à dire que nous n'avons pas été d'accord avec nous-mêmes en soutenant que notre monarchie républicaine suffit aux exigeances des amis de la liberté.

Et pourtant nos doctrines consistent à reconnaître que la chose publique ne peut être bien administrée que par un pouvoir unitaire ou monarchique.

En disant 1° que le but de l'association est de veiller à la défense et à l'indépendance du pays; 2° De hâter les progrès de la raison publique; 3° D'améliorer la condition morale et physique de la classe la plus nombreuse et la plus pauvre; nous avons pu et dû ajouter *par tous les moyens conformes à la justice et que les circonstances rendront nécessaires.*

Parce que si la souveraineté du peuple est en effet reconnue du Gouvernement, le Monarque n'a point le droit de s'écarter de la volonté souveraine, et il est clair que le peuple doit avoir les moyens d'exprimer cette volonté, (ces moyens sont des Chambres législatives), ou bien le Monarque se place dans les conditions du Gouvernement de Charles X qui a été renversé par le peuple avec *justice.*

Il devient donc évident que l'intérêt le plus puissant, le devoir le plus impérieux commandent au Monarque d'étudier la pensée nationale sous toutes ses formes. De là nécessairement résulte l'obligation d'assurer à la pensée l'expression la plus illimitée, la plus complète, surtout dans ses deux moyens les plus significatifs, la presse et les élections. De là résulte la nécessité de fréquentes élections.

De ces principes résulte encore que nous avons le droit de nous former en société, et qu'une société populaire est celle que réclament essentiellement les besoins de l'humanité, les circonstances et la forme de notre Gouvernement.

En effet, de ce que le Gouvernement émane de la souveraineté nationale, il doit être intimement uni d'intention avec la nation; il ne peut, ne doit exprimer, exécuter que la pensée de la nation. Mais cette communauté de pensée et d'action produira des résultats d'autant meilleurs, que la nation s'améliorera elle-même, et l'on sera d'autant plus sûr que le Gouvernement exprimera la volonté du peuple, qu'un plus grand nombre de citoyens seront capables de faire connaître leur opinion. Or, pour arriver à cette capacité, il faut d'abord que l'homme soit au-dessus de ces premiers besoins physiques qui arrêtent l'essor de la pensée; il lui faut en outre une instruction qui lui procure la vie intellectuelle et morale. Et ce n'est que lorsque le dernier des Français possédera à un certain degré cette aisance physique et cette vie intellectuelle et morale qui lui permettront d'exprimer son opinion politique, que nous aurons un Gouvernement véritablement national; jusque-là il ne sera que l'expression d'une classe plus ou moins étendue de la nation, classe qui domine par ses lumières et par ses richesses.

Qu'on y songe bien, tout gouvernement national

devant être l'image fidèle de la nation, il sera op-presseur, si la pensée nationale est faussée; cor-rompu, si le peuple est corrompu; grand et ver-tueux, si le peuple lui-même est grand et vertueux; et dans tous les cas, il ne remplira fidèlement sa mission, qu'autant que chacun pourra contribuer à l'expression de la volonté générale.

Pour arriver à ce résultat si désirable, est-ce à la classe riche et instruite que nous devons nous adresser. Non sans doute, ce n'est pas elle qui ré-clame notre attention, mais bien cette classe qui est la plus pauvre et la plus nombreuse, cette classe essen-tiellement populaire dont nous voulons élever chaque individu à la dignité de citoyen français. Ce n'est donc point pour masquer nos pensées, que nous nous som-mes appelés société populaire, mais pour être en tout point d'accord avec la vérité.

Si des principes nous passons aux applications, nous demanderons ce qu'ont de si dangereux nos doctrines, pour soulever contre nous tant de monde.

Nous reconnaissons avec le Gouvernement la sou-veraineté du peuple, c'est-à-dire, que l'opinion du plus grand nombre doit triompher: c'est reconnaître implicitement que l'opinion du plus petit nombre doit se soumettre; que les plus faibles n'ayant aucune chance de dominer par la violence, il y aurait crime pour eux de le tenter, car c'est un crime que de faire inutilement couler le sang des hommes.

Mais en reconnaissant que l'opinion la plus répandue doit régner par cela seul qu'elle est la plus forte, nous reconnaissons aussi que la vérité n'est pas toujours attachée à l'opinion la plus générale; c'est pour cela que toutes les opinions se doivent un respect mutuel, à raison même de l'incertitude où l'on sera toujours de celle qui s'approche le plus de la vérité.

Et comme il faut toujours craindre de détruire ou d'éloigner cette vérité, toute opinion doit avoir le droit de se manifester.

Nous ne réclamons pas autre chose. Nous ne prétendons pas imposer nos opinions, mais seulement les manifester. Dire les vérités que nous croyons utiles, et si elles ne sont pas écoutées, suivre l'humanité dans tous les détours qu'elle fait pour chercher la vérité, telle est notre pensée; nous marcherons avec l'humanité sans jamais nous lasser de lui montrer le chemin qui nous semble le plus court. Elle s'égarera, eh bien! par amour pour elle, nous nous égarerons avec elle, mais pour lui aider à retrouver la route dont elle s'est éloignée; et dans cette occasion encore notre respect pour la volonté générale aura éclaté.

Peut-être après bien des pas perdus la confiance en nous renaîtra-t-elle, parce qu'on aura reconnu notre bonne foi et notre sincère amour pour l'humanité, parce qu'on aura vu notre soumission aux lois qui seront émanées de la volonté générale, tout en nous voyant critiquer librement les parties qui nous auront semblé défectueuses ; parce qu'on aura vu notre soumission au Souverain élu par le peuple, quoique nous n'aurons point cessé d'indiquer en quoi et jusqu'à quel point il aura pu se montrer contraire aux intérêts du peuple. On nous aura vus toujours libres dans nos opinions, les professer sans crainte ; et toujours soumis dans nos actions à la volonté du plus grand nombre, parce que, nous l'avons dit, les minorités peuvent prêcher, mais n'ont ni droit ni raison de troubler les sociétés.

Et au reste si l'on veut une profession de foi plus spéciale, nous dirons sans hésiter que nous sommes sincèrement attachés au gouvernement de Louis—Philippe, parce que nous connaissons sa probité, que nous savons que par ses principes et ses intérêts il est intimement lié aux nôtres ; que par cette raison même que nous lui sommes attachés, nous nous ferons un devoir de l'éclairer chaque fois que cela nous paraîtra nécessaire pour le rattacher aux intérêts généraux, et que nous ferons également nos efforts pour rattacher à lui tous ceux qui pourraient s'en éloigner ; nous dirons que nous sommes convaincus que dans les circonstances présentes lui seul peut sauver la France ; mais qu'il faut que tous les Français soient unis dans leur amour pour la liberté, pour la France et pour le Roi.

Em. BOUCHOTTE.

1830. METZ, DE L'IMPRIMERIE DE COLLIGNON.